JN320784

市民の力で立憲民主主義を創る

杉田敦・中野晃一・大江正章
×
大河原雅子

コモンズ

危機の時代に、市民が立憲民主主義を創りだす

私は、大きな怒りと違和感の中で二〇一六年の新年を迎えました。戦後七〇年の節目の年に、立憲主義を解さず、憲法を軽視する安倍政権によって違憲の安保関連法が強行成立されたことは、慙愧に堪えません。

私が参議院選挙に初挑戦した二〇〇七年、安倍晋三首相は年頭の会見で改憲を口にし、参議院選挙でも改憲を訴えると発言しました。憲法は権力を縛るものです。その縛りをかけられている当事者が一番改憲を望んでいるという現実に、私は「主権が誰にあるのか」、つまり「決めるのは誰か」をごまかされてはならないと考えました。

安倍政権は災害・事故に乗じるショック・ドクトリンそのままに、自らの過去には目をつむり、未熟な民主党政権を〝決められない政治〟と攻め立て、〝強さ〟を売り物にして政権を奪還。強者の政治を臆面もなく展開しはじめました。原発の再稼働や安保法制、TPP（環太平洋戦略的経済連携協定）の強行は、主権者無視の典型です。経済を強くし、その恩恵をあまねく国民に行き渡らせるという幻想を振りまき、世界中で一番企業が活躍しやすい国にすると言ってはばからない政権に、貧困に喘ぐ国民の声、是正を求める主権者の声はまったく届いていません。

行き過ぎた新自由主義やグローバル経済から困窮者を救い、地域を再生させるためには、人びとが支え合って生きていくことができる社会的経済や連帯経済が必須です。新たな働き方を含めて、こうした「もうひとつの経済」こそ追求されなければなりません。その担い手は多様な市民であり、地域を自治する力、共生する力の一層の発揮であると確信しています。

目指すべきは、誰もが共に生きる社会。その基本は、いのちと平和です。危機の時代のいま、地域社会を担う多くの市民が創りあげてきた機能を大きく結実させていきましょう。

再び私が国政に挑むにあたって、三人の方々から、右傾化する社会や国内外の政治状況を分析し、地域社会のつくり方や民主主義についての深い考察をうかがうことができました。そこで得られた対話からも、「民主主義は市民が創りだす」という原点を再確認し、自信をもって「市民社会を強くする政治」を進めていきたいと思います。

二〇一六年二月

大河原雅子（元・参議院議員）

食と農のつながりから希望ある地域を創る　42

大河原雅子×大江正章

〔対談〕

市民の力で日本の右傾化を止める

大河原雅子×杉田敦
法政大学法学部教授

世界的に広がる排外主義

――はじめに、お二人が現在の時代状況をどう評価し、認識されているかをうかがいます。

大河原　東京都議会議員をしていた当時の状況からお話しします。石原慎太郎元東京都知事の登場は一九九九年です。石原氏は、「三国人発言」とか「ババア発言」(1)をすることで、海外メディアからは右傾化と批判されていました。

でも、多くの都民は「石原さんだからしょうがない」と黙認したのだと思います。私たちが必死になって「おかしいじゃないか」と言っても、それが通じないマスメディアの環境もあり、海外から指摘されたような「右翼がリーダーになって東京はどうなるのか」という危機感は、多くの都民には拡がりませんでした。偏見や差別意識を平気で口にする人がリーダーになったことで、政治家に「言っても大丈夫なんだ」という理性のない風土が一気に広がり、それをマスメディアは厳しく指摘することもなく、面白おかしく伝えていたんです。

杉田　最近ではアメリカやヨーロッパでも物議をかもす政治家が増えており、たとえばフランスの国民戦線(2)は今や大統領選挙に影響するようになるまでになりました。私も初めは九〇年代の日本の特殊な状況と捉えていましたが、最近のヨーロッパの動向があまりに酷いので、もっと普遍的な現象なのかもしれないと考えるようになりました。先進国ではリベ

"先進国ではリベラルデモクラシーや人権の概念が根付けば、偏見や差別的な言説はいずれなくなると思われていました。ところが…（杉田）"

ラルデモクラシーや人権の概念がある程度根付けば、偏見や差別的な言説はいずれなくなると思われていました。ところが、もう一度出てきたわけです。差別的な発言を市民社会が許さなかったヨーロッパでさえ、最近ではそれを許している。これは私たちの予測を超えてはいるものの、あまり特殊な現象ではないと思います。

日本の場合、許容されるレベルが低すぎるのが問題ですが、ただ、世界でも排外主義がかなり普遍化してきて、それに私は恐怖を感じる。最近の移民の問題でも、北欧でさえ反移民政党のようなものが出てきています。

昔からのリベラル派は、「経済が苦しくなってきた時には、みんなで連帯して助け合おう」と主張します。ところが今はそうではなくて、「強い奴、金を持っている奴についていくと、おこぼれがあるんじゃないか」と思う人が多くなりました。「自分より困っている人と連帯したら損をする」「金持ちについて行けば得をする」という感覚ですね。そういうカッコ付きの「庶民感覚」が人びとの間に実感として広がっているのだと思います。数年前から、これはかなり根本的な問題だと感じています。

有権者の行動が変化した

――安保法制強行採決に見られるように、第二次安倍政権で、状況はさらに悪化しているように思いますが、どうお考えですか。

大河原　自治体の首長と内閣総理大臣では全く違います。自治体は二元代表制ですが、自民党の議員にしてみれば安倍首相は選挙での公認権を握っている党の総裁です。今の安倍政権は民主党から政権交代し、二度の選挙を経てどんどん強くなりました。二〇一四年一二月の選挙で当選した自民党の国会議員は、誰も安倍首相に「ノー」と言えない状況です。国民にとって最も基本的な憲法の考え方を捻じ曲げたことに対してさえ、疑問を表明することができません。それは国会議員の劣化、自民党の劣化だと私は思います。

杉田　安倍首相個人の問題もあるけれど、むしろそういう行動を許している自民党をはじめとする政治家と、さらにその政治家を許している有権者という、二重の意味で問題は深刻だと思います。有権者について言うと、私にとって非常にショックだったのは、安保法制の強行採決後でさえほとんど安倍政権の支持率が下がっておらず、ほぼ横ばいだということです。各社の世論調査では六、七割が安保法制に反対です。こんな重要な問題で間違った選択をした政権は有権者から支持されないはずですが、そうではない。

それでは、人びとは何を期待しているのか。一つは先ほど言った「この人についていくと、多少暮らし向きが良くなるんじゃないか」という幻想です。他方で政治家は、選挙制度改革などによって党執行部の権限が強まり、公認権をはじめすべて党執行部に握られている。しかし、それだけでここまでの盲従ぶりを説明できるのかというと、なかなかしにくい。選挙に強い議員もいるはずで、その人は別に従わなくてもいいはずですが、そういう人もモノを言わなくなりました。

大河原　戦争体験のある年配の人の中には、国会審議を見て、中国が攻めてくるという危機感や不安を持つ人もいます。「実際、攻めて来たら困る。ミサイルを撃ち込まれるかもしれない」と言うんです

”憲法の考え方を捻じ曲げたことに対してさえ、疑問を表明することができません。それは自民党の劣化だと思います（大河原）“

”株で運用したら利益が出たりする。そのことで安倍政権に対する批判力が少し弱まっているかもしれません（大河原）“

ね。自分たちが戦時にしたことへの後ろめたさが不安になって、今まで言わなかったけれど、安倍首相も中国の脅威と言い出したことで、安倍首相を応援しておけば大丈夫だと思って自民党に投票するのでしょう。

杉田　安倍首相以外の選択肢がないので、消極的に支持している傾向はあるようですが、かつては「代わりがいなくても、とりあえず支持率を下げる」という行動を有権者はとりました。たとえば、森喜朗首相の時には、後任がいるわけではないけれど、とにかく支持率は下がった。そういう行動を有権者がしなくなったのは、なぜなのか。

最初は経済で期待したけれど、株価だけは維持されているものの、景気が良くなったとは誰も思っていない。外国の例を見てもそろそろ有権者が怒り始めるのが普通なのですが、四〇％以上の支持率というのは、あり得ないほどの底堅さです。ナショナリズム的なものと関係しているのかもしれませんが、さまざまな意味で「自分たちの力が弱まっている」と感じている有権者にとって、理性的で抑制的なリーダーでは物足りず、少し強気なリーダーに付いていくということでしょう。

大河原　目の前の実利に動かされることも多くなっていると思います。リベラルな政治家を応援している人たちでも、少しお金がある人が、株で運用したら利益が出たりする。そのことで安倍政権に対する批判力が少し弱まっているかもしれません。自分の実利にはデリケートなのだなと思います。

杉田　昔に比べて小規模な投資をして株主感覚を持っている人が増えている。損をした人も含めて、投資家的な意識になっているんでしょうか。勤労者とか消費者とは違う意識が出てきていますね。

急激に進む経済・研究の軍事化

大河原　政府が「経済優先」と言い、経団連が「自民党に献金しよう」と声を掛け始めたことでわかるように、ものすごい勢いで軍事のマーケットが広がっています。安保法制が通った途端に、世界的な兵器の展示会がイギリスで開催され、そこには防衛省も民間の企業も行っています。

杉田　金額はまだ少ないですが、防衛省が防衛関係の基礎技術の研究費を出すようになりました。これは軍事技術そのものではなく、「将来応用できる基礎技術、例えばロボットなど、それ自体は軍民どちらにも使える技術を研究してください。開発が上手くいきそうなら後は防衛省でやります」と言うのです。科学者はやりやすいですよね。「直接、軍事で使う技術開発には関わらない」という人は多いけれど、そうではないからハードルがぐっと下がります。先ほど言われたように、武器を売るか、その周辺の物や技術を売りたいという意向は強いでしょう。

大河原　戦争に敗けて、日本の産業は、それこそ航空機は造れないといった制約の中、民生部門で経済を再興してきました。ところが今は「物づくり国家なのに、なぜできないんだ」とみんなが賛成して、軍事の方面へいく可能性があるように思えます。

杉田　結局、相対的に民政部門の産業だったのが、それが売れなくなってきて、東芝などが「核の軍事利用ではない」という名目で原発建設に向かったけれど、それも駄目になった。あとは軍事しかないと。安保法制ももちろん重大ですが、武器輸出の緩和という、今のこの流れは相当大きいです。

大河原　現代は、戦地に人を送り出すだけでなく、アメリカ本土からの操作で遠く離れた紛争地を爆撃するように、技術開発で戦争自体が無人化しているため、戦争に対する感度はどんどん鈍くなっています。爆撃されたところでは確実に人が大量に、それも一瞬で死んでいるのに、命が奪われているという感覚が失われている。私は、これは大変なことだと思います。

杉田　戦争の概念の問題ですね。今回、安保法制の国会審議で、「戦争法案」という言葉を与党側は批判しました。不戦条約[3]で侵略戦争としての戦争は国際的に禁じられていますから、戦争と呼ばず「国連の安全保障措置」などと呼ぶようになったからです。「それは戦争ではない」「自衛の措置も戦争ではない」と戦争概念を狭くすることによって、「われわれは戦争をやらないんだ」と言うわけです。しかし一般には、大規模な武力行使は戦争だと思われています。自衛であろうが、必ず多くの人が死ぬから大規模な武力行使はすべきではないというのが人びとの感覚です。だからこそ、最初に言葉のごまかしをしたのです。

それでも、安保法制への反対運動が、なぜ広がったのか。やはり、武力行使としての戦争を憎む気持ちが日本にはかなり強く残っていた。それから、自分や自分の家族が戦争に行く徴兵制は嫌だという気持ちです。この二つは非常に重要です。しかし、今言われたように、戦争は人の命を奪うという感覚が失われていくと、だんだん人びとの感覚もマヒしていきます。今回の法案でどこまで何をやるかはわかりませんが、「このくらいならいいんじゃないか」と言っているうちに、「それならこの先もいいでしょう」とどんどん広がっていく。そういうことがあるだろうと私は思います。

大河原　戦争の始まりから終わりまでのプロセスを知らないこともあります。だから、「補給活動、後方支援は安全だ」と政府が言うと、それを信じる人もいる。毎日流れるニュースの現場と自分との距離がバーチャルになっていて、基礎知識も含めて想像力が欠けているのかもしれません。

杉田　近い将来、自衛隊がどこかで活動して犠牲者が出るようなことがあった場合、数年前なら、訴訟を起こしたら最高裁も違憲判決を出すかもしれないという雰囲気がありましたが、今はちょっとわからない。「数人の死者だったら仕方がない」という冷たい世論があるのではないか。

そのように考えるのは、話が飛躍するようですが、沖縄に対する社会の無関心があるからです。沖縄の人があれだけ長期にわたって反対していて、今も辺野古では反対する市民を権力が暴力的に排除するなど、さまざまなことが起きているのに、本土のメディアはほとんど報道しない。その理由は人びとに関心がないからです。たとえ自衛隊員が犠牲になっても、「想定の範囲」といった冷たい感覚が以前より広がっていると思います。

個人の意思で動く強さ

――他方では、若者の「ＳＥＡＬＤｓ（シールズ）」や母親たちが反対運動を展開しました。これは一時的なものとお考えですか。それとも新しい民主主義の始まりだとお感じですか。

杉田　「今日は官邸前に行こう」「国会前に行こう」というように、個人の意思でデモに来た人が多かった。それはかなり重要です。この動きは今回の安保法制で急に起こったわけではなく、二〇一二年の原

”自衛であろうが、必ず多くの人が死ぬから大規模な武力行使はすべきではないというのが人びとの感覚です（杉田）“

”個人の意思で行動することがどうしたら社会に浸透するのかが課題です（杉田）“

発再稼働反対の時にもありました。あの時は民主党政権でしたが、国会内外の温度差が意識されて、「これだけ不安が多くて反対が多いのに、原発再稼働を今やらなきゃいけないのか」という疑問や、人びとの焦燥感、「自分たちの意志が伝わらない、政党に代表されていない」という感覚がありました。それが今回の安保法制の反対運動につながっている。

今回は、政権側がかなりこの動きを牽制しました。政権は実はすごく怖がっているんです。組織動員なら、組織決定に従うわけですが、一人ひとりが個人の意思で動くことになると、政権からすれば恐ろしい。だから、「これは正規のデモクラシーじゃない」とか、「選挙だけが民意である」とか、いろんなことを言って止めようとした。それだけ威力があるから言うのです。その点は高く評価しています。

その一方で、安倍政権の支持率は下がらない。そうなると、有権者全体が自分たちの民意が政党に代表されていないという焦燥を感じているわけではないものの、しかし兆しとしてはあるはずなんです。六〇年安保の時も、「日本の自我が出てきた、民主主義の兆しだ」と丸山眞男[4]は言いました。ただし、それが兆しのまま五〇年以上経っている。これからまた五〇年では時間がかかりすぎるので、個人の意思で行動することがどうしたら社会に浸透するのかが課題です。

大河原　国会前はたしかに象徴的な場所ですが、六〇年安保と全然違うのは、自分の空いた時間に、自分の近所の駅前で、マイクも使わずにスタンディン

2015年8月30日、国会前

グをしているとか、若いお母さんが子どもをバギーに乗せてお散歩デモをしているといった、意思表示をするスタイルです。ああいうのは六〇年代にはなかったと思いますし、それこそが「民主主義ってなんだ？」[5]ということだと思います。

今動き出している若いお母さんたちを見ていると、とても柔軟な形で場がつくられています。絵本の『スイミー』[6]ってご存知ですか。小魚が大きな群れになって、大きな魚に対抗するんです。一人ひとりの日常生活は多種多様にあるけれど、例えば安保法制反対と言った時にはスイミーみたいにワッと集まろうという、運動の方法にも新しい形が見えます。それに、手元にはスマートフォンなどの道具もありますからね。そういうところに変わる希望がある。

――若い人たちには固有名詞で登場する人たちが増え始めています。個人発という意味ではここが分岐点になるのではないかと思うのですが、いかがでしょうか。

杉田　いわゆるヘイトスピーチや2ちゃんねるなどの差別的な発言は、無責任な発言がしやすいから、ほとんど匿名ですよね。一方で、政府に批判的な発言をする人には、批判をするなら名前を出せというような、厳しい倫理性を要求する風潮があります。これは萎縮につながるし、固有名詞で発言するためには名前を出しても大丈夫だという前提が必要です。例えば、氏名から住所を割り出して攻撃するようなことは絶対に許さないという前提が市民社会になければばならない。場合によっては、匿名の言論に対して、それは駄目だとはっきりさせる必要があります。欧米では、ネットで評論をする時には本名でなければ誰も相手にしません。

大河原　国際社会に通用する人材を育成するというなら、絶えず批判的な視点を持って、批判も受けるし、批判もするし、批判が人格否定や人権侵害にならないという大前提があって、自分の主張ももちろんする。そういう教育が日本にも必要ですね。

杉田　批評や批判の意義を認めない風潮がだんだん強まってきています。「批判や批評は非生産的だ」と言うんですね。だから、政治も同じだと考えてしまう。「野党の批判は生産的ではない」という考えが、企業人や技術者の間に広まって、だんだん若い人にも、野党の存在自体が、いちゃもんをつけている暇人と受け取られる。政治というのは論争なのであり、「相互に論争すること自体が政策を洗練させる」という基本的なことが、わからなくなっています。だから、「野党は政権に文句を言わないで、与党の言うとおりにやらせておけ」となり、野党が不利になるのです。

余裕があった時はそれでも「少し言わせておこう」という雰囲気がありましたが、だんだん余裕がなくなってくると、「そんな足を引っ張る奴はいらない」と、「それより皆で一致団結しろ」となるわけです。「一億総活躍」と言っているけど、私は「一億」という数え方に戦前と同じ危険を感じます。「一億」

ってまさに総動員、動員の論理ですから。「我が国の人口五〇〇〇万人大活躍」と言っている国が他にありますか。ドイツやフランスが言うわけないです。

大河原　よく安倍首相は「世界の議論を引っ張っていく」「日本がＴＰＰをリードする」と言いますが、海外のトップリーダーはそんなことも言いませんよね。言ったら笑われる。

杉田　それでも言うのは、それを皆が笑わないからです。ちゃんとメディアが笑ってやればいいわけです。新聞記者も、笑うべきところで笑わないと。

市民の力で右傾化を止めるために

大河原　戦後、国際社会に日本が復帰する時に、国連より先にユネスコが受け入れたんです。ユネスコ憲章の前文には「戦争は人の心の中で生まれるものであるから、人の心の中に平和のとりでを築かなければならない」とあります。私は、ヘイトスピーチについても差別意識にしても、自らストップをかけていく理性や知性に立ち返って、一人ひとりが意識して平和を創ろうと行動することだと思います。そのための環境、特に教育が重要です。

社会の格差が拡大することで、一人ひとりが自分で判断して行動できない方向に分断されています。人びとの連帯を阻止するために分断するのだから、格差を広げる政策には断固ノーと言い、縮小する政策を進めていきます。民主党は、個人の幸せがあってはじめてその国の安定と安心になると言ってきた

”人びとの連帯を阻止するために分断するのだから、格差を広げる政策には断固ノーと言い、縮小する政策を進めていきます（大河原）“

”強国化路線しかないと思い込んでいる人が官僚や与党の中心にかなりいる
戦前の政治家や官僚にもいて、それを背景に暴走し、大破局になった（杉田）“

はずなんです。私も実感として今、分断されつつあるものをつなぐのはそういう考え方だと思います。

生活協同組合の、例えば食べ物もエネルギーも、医療や福祉のケアも、まず自分のところで自給率を高めよう、自分たちで仕事も創り出そうという発想は、世界共通です。貧しい国も富んだ国も地域から積み上げていく発想に切り替えない限り、自然の資源もなくなり、人という資源も枯渇してしまいます。こういう社会を創る、こういう国を創るとはっきり言った政権は、いまだにありません。今、求められているのは国のビジョンです。

杉田　戦争は急に始まるのではないと言います。ある意味でもう始まっているのかもしれないと思うくらい、急速に研究や経済が準軍事化しつつありま

す。しかし、日本には日本のオプションがあるはずです。大河原さんが言われたように、詰めた議論をしないまま、政府は軍事的な武力を背景に強国化し、アメリカと一体化しようとしています。

今回の安保法制の議論で、人びとはノーと言っています。それなのに、強国化路線しかないと思い込んでいる人が官僚や与党の中心にかなりいる。その人たちなりに危機感があるのでしょうが、戦前の政治家や官僚にも同様に危機感を持った人たちがいて、それを背景に暴走し、やがて大破局になったわけです。今は軍部に代わって外務省に、勝手に危機感や使命感を持って物事を決めている人たちがいる。

それに対して、そんなことを私たちは相談されていないし、強国化以外のオプションがあるはずだ、という

違う道があるのだと伝えてこなかった。メディアにも政治学者にも、責任があります。野党の政治家にも責任がある。だから今は、なし崩し的に強国化路線、安倍首相的な方向にもっていかれないようにしなければいけない。そのことをぜひ、市民とともに考えていきたいと思います。

（市民セクター政策機構が発行する『社会運動』四二一号に掲載された対談に、一部修正を加えました。）

（1）「三国人発言」「ババア発言」＝石原慎太郎元東京都知事は二〇〇〇年に陸上自衛隊の式典で、「不法入国した三国人」と発言した。「三国人」とは日本に居住する旧植民地の人びとの呼称。この発言は二〇〇五年、人権問題討論国連総会第三委員会でも取り上げられた。二〇〇一年には週刊誌の記事で、松井孝典東大名誉教授の話の引用として「文明がもたらしたもっとも悪しき有害なものは〝ババア〟」などと発言。日本弁護士連合会は二〇〇三年、一連の差別発言に抗議する「警告書」を提出した。また、一三一人の女性が原告となり、損害賠償と謝罪広告を求めて提訴したが、一審の東京地裁は二〇〇五年に請求を棄却。東京高裁も控訴を棄却した。

（2）国民戦線＝一九七二年に創設されたフランスの極右政党。二〇一四年のEU議会選挙では二五％の得票率を得て二四議席を獲得し、世界に衝撃を与えた。

（3）不戦条約＝一九二八年八月にパリで調印された、戦争放棄に関する条約。自衛・制裁以外の戦争を全面的に禁止し、紛争の平和的解決の義務を定めた。

（4）丸山眞男（一九一四〜一九九六）。日本の政治学者、思想史家。東京大学名誉教授。

（5）「民主主義ってなんだ？」＝SEALDs（自由と民主主義のための学生緊急行動）などによる安保法制反対デモで使われている言葉。SEALDsと作家の高橋源一郎による同名の対談が、河出書房新社から出版されている。

（6）オランダの作家レオ・レオニの作品。谷川俊太郎が訳し、小学校の国語教科書にも掲載されている。

杉田敦
すぎた・あつし

1959年生まれ。東京大学法学部卒業。現在、法政大学法学部教授、専攻は政治理論。
主著に『政治への想像力』（岩波書店）、『政治的思考』（岩波書店）、『これが憲法だ』（共著、朝日新書）など。

（対談）
右傾化からの脱却——民主主義を創る

大河原雅子×中野晃一
上智大学国際教養学部教授

「新右派連合」はどのように生まれたか

大河原　先生のご著書『右傾化する日本政治』(岩波新書、二〇一五年)を読ませていただきました。民主党からの政権交代後、一度は失敗した安倍政権が再登場し、いわゆる一強多弱の状況にあります。安倍政権は数々の失政をうまく隠していますが、私には許せないことがたくさんありますし、多くの人も「安倍政治を許さない」と感じていると思います。しかし、安倍政権の支持率は、安保法制の強行採決の影響で少し下がりましたが、すぐに回復して横ばい状態が続いています。

この本で中野先生は、右派が「昔の右派とは全く変わってきている」と書かれています。まずそこからお話をお聞かせいただけませんか。

中野　今は過去三〇年の日本政治の中で、ついに来るところまで来てしまったという状況です。かつては良くも悪くも保革対立で、万年与党と万年野党が相対峙していた。ある意味、安定感があり、あまりひどいことにもならないけれど、腐敗や財政赤字などの問題は山積していました。もちろん女性の権利など人権への対応は何もされていませんでしたが。

そういう「安定構造」が冷戦後、日本でも流動的になっていきました。日本では、そこから政治勢力としての「リベラル勢力」が模索を始めたという見方もできると思います。保革対立の中では、保守の中にも比較的リベラルな人たちはいましたが、平等

”中野先生は右派が「昔の右派とは全く変わってきている」と書かれています(大河原)“

”民意を一切無視する政権が、同時に安泰であるという状況が現在なのです（中野）“

志向ではなく、単に穏健であるとか、権力の座にとどまるために総花的に弱者へも目配りをしたりが、「保守の知恵」だった面があります。リベラリズムということでは、革新勢力の側にも相当欠けている部分、たとえば教条主義的なところや風通しが悪い体質ということがあったと思います。

この流動化によってさまざまな政治勢力が生まれ、それが最終的に民主党に集まっていきました。ところが、二〇一二年一二月の総選挙で民主党は有権者の信任を失ってしまった。かつての社会党や総評のような革新勢力は、あくまでも野党としてオポーズする、つまり反対することで政権与党に歯止めをかけることに専念していたのですが、民主党に結集した勢力は、単に野党として反対するのではなく、オルタナティブな政治勢力になろうとしました。政権をとろうとするのかしないのかが、かなり大きな違いです。そのオルタナティブが大きくこけてしまった結果、本当に歯止めのない状況ができてしまいました。

安倍政権の支持率が下がっても一定レベル以下にならないのは、「この道しかない」という選挙スローガンが、ある種の信憑性を持って受けとめられているからです。死屍累々、木一本すら残っていないようなところで「僕しかいないんだ」と言われると、「確かにいないな」と思えてしまうのでしょう。政権側は最初から「支持率は三割台まで一度落ちるかもしれないが、違うニュースを流せばまた上がってくる」と言っていたのですが、本当にそのとおりになってしまいました。

オルタナティブがない状況では、オポジションも非常に困難です。オポジションとしてもオルタナティブとしても野党が存在しないという意味で、政党システムがここまで壊れてバランスを欠くようになってしまったのは、戦後初めてのことです。

一方で、市民社会の覚醒が相当目立つようになってきました。それは代表制がそれだけ失敗し、壊れていることの裏返しでもあります。そして、民意を一切無視する政権が、同時に安泰であるという状況が現在なのです。

大河原　安倍さん自身、自民党の本流ではありませんよね。あれほどの大政党なのに、違憲といわれる法律を制定しても、誰も安倍さんを止められません。以前の自民党は派閥間で競ってきましたが、今は党も議員も劣化しています。

中野　安倍さんは戦後生まれで、同時にポスト冷戦後の政治家です。一九九三年初当選ですから、まさに政治改革で自民党が下野するときに初めて当選したわけです。保革対立の構図は父親の秘書として間近で見てはいたでしょうが、政治家としては社会党がどんどん弱体化していく中でキャリアを積んできた。

安倍さん世代以降の特徴として、自民党の中で世代交代に成功したのが、ある種の極右勢力でした。歴史問題や家族観、教育、憲法改正など、右翼的な政治家は戦後の自民党にもずっといましたが、主流ではありませんでした。岸信介や中曽根康弘など、たまにそういう人が首相になることがあっても、社会党が外で歯止めをかけている。自民党の中でも、下手なことをすると社会党が元気づいてしまい、与党に居続けられなくなることを恐れる穏健な勢力が、タガをはめていました。そういう構造がどんどん壊れ、安倍さんが政治家として台頭してきて、新世代の右翼政治家のプリンス、まさに旗手として重宝されて今に至り、二回目のチャンスまで与えられたのです。

それはやはり、自民党が大きく変化しているということにほかなりません。革新勢力というチェックが段階的に働かなくなったので、真ん中寄りで統治する必要がなくなった。逆に右にぶれたほうが、民主党との差異化が図れる。それは小選挙区制の問題とも関係しています。小選挙区制では過半数の票をとる必要はないわけですから、候補者の振る舞い方も変わってくると思います。

大河原　私が都議会議員になったのは一九九三年です。自民党が下野したときで、政治を民主化するために市民が直接、政治の場に出ていき、市民の政治を広げていく、そういう時代になると信じていました。それが今やまったく逆の状況です。当時の保守派議員は、階級的な差別や格差問題に対しても、それなりに包容力のある穏健でやわらかな政治手法を取っていましたが、今の自民党は格差の固定化を露骨に是認する政党になりました。政治に強く求められているのは、拡大する格差に対して手を打つことであるはずにもかかわらずです。

中野　世界的に見ても、冷戦が終わって共産主義陣営というライバルがなくなったことによって、資本主義のあり方や保守政治のあり方が変容しています。今のアメリカの共和党などはほとんど冗談のようなレベルまで劣化しており、これは世界的な傾向です。労働組合の力も弱まり、階級間の緊張に恐れをなす必要がなくなったために、むき出しの形で、富める者、権力者が支配する社会になってきた。新自由主義的な考え方の浸透と保守政治の劣化が、同時に起きていきました。

グローバル資本主義、つまり冷戦で東西に分かれているのではなくて、グローバルな規模でむき出しの資本主義が広まっていくことによって、日本の古いタイプの保守にとっては、財源を確保してそれを配るという利益誘導の政治ができなくなるという問題が生じました。もちろん腐敗の批判を受けてきたこともありますが、財政赤字がどんどん膨らんで、ない袖は振れないということのほうが大きいでしょう。こうして古い保守はどうにもならなくなり、小泉政権での構造改革路線につながっていきます。

利益誘導の代わりに出てくるのが、先鋭的な復古主義イデオロギーが強力に打ち出される「情念の動員」です。それは利益誘導に代わる組織動員がある程度できる。小泉首相が靖国神社に参拝し続ける必要があったのは、特に日本会議に代表されるような復古主義的なイデオロギー、たとえば宗教右翼などのかなりゆがんだ保守層を政治的に利用するようになったからです。

それが、格差の固定化とその拡大を覆い隠しています。かつてであれば、貧富の差が縮まるわけではないものの、補助金や公共事業がありましたが、それすらもどんどんカットされる。その代わり「中国は憎いだろう、韓国はけしからんだろう」というイデオロギーで煽り、国内に向けては日教組や左翼といった敵をつくって求心力を高めていく。そういう政治的な転換があります。残念なことではあるのですが、これは、世界的な潮流であり、歴史修正主義ということでは、世界的な変化があります。

官僚組織と財界の変化

大河原　安倍さんがいう「日本を取り戻す」や、第一次政権時の「戦後レジームからの脱却」というフレーズに対して、当初、多くの人は違和感を持っ

”「中国は憎いだろう、韓国はけしからんだろう」というイデオロギーで煽り、国内に向けては日教組や左翼といった敵をつくって求心力を高めていく（中野）“

”官僚の中には、再び政権交代を起こしてはならないという意識が強まっているように感じます（大河原）“

て、よそよそしさを感じていたと思います。ところが、今や、社会全体が右傾化しはじめていて、それらのキャッチにもすっかり慣れてしまって、その先頭で安倍さんがほくそ笑んでいるような状況です。

中野　彼は『三丁目の夕日』とか『坂の上の雲』が好きだとよく言われています。復古主義者とはいいながら、平安の万葉集の時代に戻るという話ではないのです。彼らのロマンは「維新の雰囲気」、つまり日本の近代化の成功に、もう一回酔いしれたいという情念だと思うんですね。

彼らにとって重要な靖国神社は明治創建の神社で、神道ということでいえば、歴史は浅い。そこにあるのは、つくられた伝統にすぎず、要は明治の近代社会のあり方、政治のあり方に、もう一回戻したいということです。そこに時代錯誤があり、悲劇があります。安倍さんが思い描く統治のあり方は、統治する側が一般の国民に対して自発的な服従を求めるもので、人びとはあくまでも自発的に権力に服従するということです。そのためには、だましたり、最終的には力ずくでやるという政治手法も取る。

大河原　私は一九五三年生まれで、一九五四年生まれの安倍首相と一歳しか違わないんです。戦争が終わってたった九年、占領が終わって二年。民主主義的な空気にあふれた時代に育った世代であるにもかかわらず、どうしてあれほど民主主義的なものを嫌悪するのか。祖父である岸信介首相の志を受け継ぎたいということもあるでしょうけれども、実は安倍さんと官僚組織の政治エリートは、明治期の中央集

2015年11月、東京・高田馬場

権的な統治を志向する点では一致していますよね。「日本を取り戻す」ことの裏返しは、「中央集権性を変えたくない」「帝国主義的な経済成長論」のような思想的背景が安倍さんや官僚機構の中にも含めて残っているということではありませんか。

中野　昔であれば良くも悪くも国士気取りの官僚はいたわけですし、リベラルでかなり教養の高い人もいました。しかし、自民党が右翼的なものへ主流化したのと同じように、官庁においても出世のために時の権力者にとりたててもらうことを優先するように大きく変わりました。その結果、私は「寡頭支配」という言葉を使っていますが、少数の政官財のエリートたちが、自由民主主義の中身をどんどん空洞化させていく一派を形成し、少数支配へはっきり移行していると思います。

大河原　民主党政権の三年三カ月を経て、官僚の中には、再び政権交代を起こしてはならないという意識が強まっているように感じます。

中野　全くそのとおりだと思います。もちろん民主党政権には至らないところは多々ありましたが、市民社会の声をくみ上げようという真摯な姿勢があったのは間違いありません。しかし、官僚は民主党時代にいくつかの実験がなされたことに対しても、強い嫌悪感を持っています。

大河原　官僚の優秀さやビジョンの深さを、民主党政権はもう少し評価しなければいけなかったという反省は必要です。官僚組織を全否定するのではなく、市民の役に立つように使いこなすことに失敗したのが、あの三年三カ月でした。

中野　民主党政権の失敗の結果、官僚機構に対する議論がなくなってしまったのは非常に大きな問題だと思います。天下りについての問題意識や、市民社会に開かれた官僚制のあり方が本来議論されるべきだったにもかかわらず、民主党の下野とともに、その議論がすべてなかったことになってしまいました。そのためチェックの効かない、かつて「鉄の三角形」といわれた政官財の癒着構造の現代版のようなものができています。特定秘密保護法や共謀罪は、警察官僚が安倍政権を使ってやろうとしているわけですから、必ずしも全部、自民党から出てきているわけではなく、官僚側が今の安定した政権にやらせることを企んで競争しているのです。

大河原　一方で、経済界の露骨な安倍政権支持の姿勢も目に余るものがありませんか。

中野　非常にグローバル化した経済では、外資の株式保有率が極めて高くなり、企業ガバナンスのあり方も大きく変わりました。かつてのような長期的な、場合によってはナショナリズムに裏打ちされたような経営判断がなくなってきて、言葉は悪いですが、より収奪的・簒奪的で、短期的に儲かればいいという姿勢です。国民経済を持続可能な形で運営しようという発想は、もはやありません。それは労働法制の規制緩和などに顕著です。

そうでありながら日本の経営者は英米と違って、

経営者としていろいろな企業をあちこち渡り歩く人はそういません。自分の番が終わったら退職するだけです。こうした日本の古いシステムと今の新しいシステムの悪いところが両方出ていて、財界のあり方がかなり無責任になっています。

本来、自由主義であれば、そして市場競争を考えているのであれば、新規参入できなければ活力は生まれないのです。しかし、あくまでも既存企業がいかに儲けられるかが優先され、新陳代謝や活性化するめどがありません。そこは、財界も劣化している。もはや新自由主義でさえなく、半ば重商主義的というか、安倍さんの外遊について行って、原発や武器で儲けたい。だから財界から大きく反乱が出てくることは、期待できない。

”安倍さんの外遊について行って、原発や武器で儲けたい。だから財界から大きく反乱が出てくることは、期待できない（中野）“

対米従属の矛盾とアメリカ市民社会との連携

大河原　一方でＴＰＰや沖縄の問題に表れているように、対アメリカとなると「そんなことまで約束してきたのか」という従属的な姿勢です。今まではアメリカに「守ってもらいたい」だったのが、「一緒になって血を流す」という方向に切り変わりました。日本は「こんなにアメリカに従属しているんだ」と見せつけられたのが、今回の安保法制です。従来の保守の姿勢と比べて、安倍さんのような新しい右派勢力とアメリカとの関係は、どのように変化したのでしょうか。

中野　天皇制の問題とアメリカというのが、この右

”逆説的な言い方になりますが、実は私は日米関係を強化するべきだと思っています（中野）“

派勢力の矛盾がいちばん露呈されるところです。丸山眞男は「政事《まつりごと》」という言葉のルーツを解き明かすにあたって、祭政一致、祭祀と政治が一致するという意味で説明しています。また言葉の意味だけではなくて、「まつろう」「まつろわす」という関係性を重視し、上に対しては「まつろう」、つまり奉る、仕える。そして、下に対しては「まつろわす」、つまり従わせる。そういう言葉が日本語の政治の古層にあるんだと指摘しています。

安倍さんの政治観、あるべき世界のあり方は、彼らから見て下と思う者に対しては「まつろわす」、自発的な服従を求める。その一方で、上に対しては「まつろう」という体裁をとるわけです。近代の日本であれば、「皇国日本」ということで天皇をまつろう。それが最終的に狂信的な流れになって、英米と直接ぶつかりました。

戦後、このロジックに矛盾が生じます。「まつろわす」に関しては、辺野古で沖縄県民を屈服させるとか、われわれ有権者に対して憲法をないがしろにしてでも屈服させる。問題は「まつろう」対象です。

戦前であれば天皇という装置が極めて明快にあったのですが、戦後、天皇に代わって保守が日本でまつろってきたのは、アメリカなわけです。アメリカ全体というよりは、アメリカの共和党であったり、そこに関係しているいわゆる「ジャパン・ハンドラー」と言われている人たちです。そこに対して「まつろう」ために、熱心にTPPを進め、集団的自衛権の行使を容認した。実際にはポツダム宣言もつまびらかに読んでいないとか、東京裁判もおかしかったと言いたくてしょうがないのにもかかわらずです。

そうして日本国民を屈服させて、集団的自衛権を行使して、何をしたいのかというと、突然心にもない「法の支配と自由と民主主義を世界に広めるんだ」という話を国際社会に向けてせざるを得ない。そこが完全に破綻している部分です。「まつろわす」ということに関しては、はっきりと自信を持ってやれるのですが、「まつろう」という部分になってくると、途端に浮き足立ってしまい、解決できない矛盾がそこにあります。

大河原　アメリカという国は、市民社会の組織がしっかりしていて、TPP交渉に対しても、「パブリック・シチズン(Public Citizen)」などのNPOが、しっかり監視しています。けれども、アメリカの議員は日本と大差なく、TPPのバックにある産業界に強く左右されている、いわゆる族議員です。政治資金の問題は、実は日本よりもっとひどい状況ではないかと思います。先生がおっしゃるように、昔は「知日派」と呼ばれていた人たちが、今は「ジャパン・ハンドラー」となって積極的に日本を操ろうとしています。日本の政治の民主化を求める市民は、どのようにしたらそこに影響力を持つことができるでしょうか。

中野　逆説的な言い方になりますが、実は私は日米関係を強化するべきだと思っています。アメリカには確かにジャパン・ハンドラー的な人たちもおり、また保守の変化ということで言えば、アメリカもとんでもないことになってきているのですが、市民社会やリベラルな勢力は、日本より伝統も長く、まだまだがんばっています。

日本の保守に対峙する勢力が革新からリベラルへと変わる中で、日米関係の裾野を広げることには成功しなかったという問題は小さくないと思います。革新勢力は今に至るまで反米的な思いが強い。確かにアメリカは、政治や経済の面で反米的になりたくなるような許し難い行為を数々行っているのは間違いありません。とはいえ、アメリカの豊かな市民社会との連携までも拒んできた面もあったと思います。日本のリベラル勢力が、アメリカの市民社会やリベラル勢力ともう少し関係を強めることができていれば、「ジャパン・ハンドラー」になり下がった知日派にここまで依存する構造にはならなかったと思います。沖縄の状況もここまでにはならなかったでしょう。

それでも、翁長雄志《おながたけし》沖縄県知事をはじめ、新しいイニシアティブがいろいろと出てきているのは、非常に喜ばしいことだと私は思います。そういう取り組みを続けていかなければ、今後のリベラル勢力の展開はなかなか厳しいでしょう。

沖縄から学ぶ地域主権と運動の方向

大河原　今、沖縄の人たちが、日本の一つの県であるにもかかわらず、政府から無視され、弾圧されています。民主党は「地域主権」を主張してきました。沖縄の闘いをサポートするためにも、そう言える政党が必要です。政権交代に期待のかかるこれからの政党は、まず第一に地域主権の実現を目指さなくてはいけないと思いますが、いかがでしょうか。

中野　私もそう思います。今あるような安倍的な保守のあり方に対して、どのように対抗していくのか。何が本質的な問題なのかということを、明らかにしきれていない歯がゆさが、民主党を中心とした野党陣営にあると思います。安倍政権は、一九世紀の近代化の道をやり直せるかのような幻想のもとに、自発的な服従をわれわれに求めています。歯を食いしばって政府の言うことを聞いて一生懸命奉仕すれば何かが開けるんだと、アベノミクスをはじめとして、ありとあらゆる局面でわれわれにささやいてきます。

それに対して、リベラル左派側は、個人の自由や尊厳という価値に根差して、さまざまな政策を考えて議論していくことが不可欠だと思います。地域主権も同じです。さまざまな暮らしのあり方や、地域の事情があるのですから、中央からの上意下達ではうまくいくわけがありません。人びとが生活する場はそれぞれの地域にあり、お互いの尊重の中でお互いに議論して物事を決めていくという分権が大原則としてあるべきです。

大河原　日米地位協定を見れば、沖縄のおかれている状況は日本全域に関わる問題であることがわかります。この間の安保法制に対する運動の中から、若者たちや普通の市民が沖縄につながろうと動き出してもいます。そこには希望もありますね。

中野　沖縄の外に住む、特に東京のようなところに住むわれわれに、本当に遅れて、ようやくそういう意識が少しずつ芽生えつつあるところなんだと思います。昔は本土並みの沖縄返還をしろと言っていたのですが、今の対米従属の日米の構図の中では、本土が沖縄並みになりつつある。沖縄の未来、行く末にわれわれも向かっているのです。

沖縄の闘い方、沖縄の粘り強さ、なかなか勝てなくても決してあきらめない、屈しない、従わない。そういう非暴力不服従の運動が、われわれの今後の闘い方を示しているのは間違いないと思います。われわれの未来に向かう運動が辺野古でなされていることを認識しないと、大きく道を誤ってしまうのではないでしょうか。

”今の対米従属の日米の構図の中では、本土が沖縄並みになりつつある。沖縄の未来、行く末にわれわれも向かっているのです（中野）“

リベラル左派連合再生の条件

大河原　中野先生は、『右傾化する日本政治』の最後に、「リベラル左派連合が再生するための三つの条件」として、小選挙区制の廃止、新自由主義との訣別、他者性を前提とした連帯の三つを提案されています。これからの日本の政治、日本の社会にとって重要なご提起ですので、少し詳しくお話しいただけますか。

中野　私が新右派転換と呼んでいる復古的な国家主義とともに、企業支配と呼ばざるを得ないまでに劣化した新自由主義が進展しました。それにはいろいろな原因があり、日本だけのことではないという非常に厳しい事実もあります。

しかし、小選挙区制度がこの変化を加速させてきたことは間違いありません。二〇一六年は小選挙区制導入後初の選挙から二〇年になります。当時喧伝されていたバラ色の政治のあり方と、今の現実が大きくかけ離れていることは明らかです。今の選挙制度は本当に大きな問題があり、民主的ではない。多様な代表を確保するためにも極めて不適切な制度であることを問う議論を、まず草の根からでも始めていかなければいけないと思います。選挙制度改革は、政治家や政党に任せていては前に進みません。市民社会の側が突きつけなければいけない。市民社会での議論、機運を高めることが、求められます。

大河原　二〇一四年一二月の衆院選では絶対得票率でみれば自民党は比例代表制で一六・九九％、小選挙区で二四・四九％の得票にすぎないにもかかわらず、衆議院の六割を越える議席を占めてしまいました。この制度は確かに問題です。その意味では選挙制度改革は、新自由主義と訣別し、自民党の政治を倒そうとする人たちに向けた大きなアピールとしても取り組まなければなりませんね。

中野　二つめの新自由主義との訣別ですが、一九八〇年代に日本の政治が自由化を始めていった頃には、新自由主義はまだ自由主義を名乗る資格はあったと思います。実際に政治腐敗や大きな無駄があり、それが保守政権の支持を下支えしていたので、そのいびつさに切り込むことができた。冷戦後、有権者や消費者はいろいろな意味で自由を求めていましたし、マーケットに任せたほうが、新しい、多様な選択肢ができるのではないかという期待があったのは事実です。

ところが、皮肉といえば皮肉なのですが、今になって自由主義の正しさが逆説的に証明されてしまいました。それは世界的なレベルで新自由主義が劣化し、既存の大企業の支配が強まっているということは、競争のないことがいかに腐敗につながっていくかを示しているからです。昔は自由主義に対するライバルとしてマルクス主義がありましたが、そのライバルがいなくなってしまった。フランシス・フクヤマは「歴史は終わった」と言いましたが、自由主義の他にイデオロギーはないいんだと勝ち誇った途端に、自由主義、民主主義は堕落を始めることになります。

また日本の場合には、もともと保守の自由主義度が低いんです。英米の場合は、リベラルな下地がある点で大きな違いがあります。イギリスもアメリカも、保守のあり方は「反国家」、市民社会ベースの保守で、アメリカは特にそうですが、連邦政府が嫌い、国が嫌いという意識が非常に強い。そういうリベラルな下地があるところに新自由主義が入ってき

”自由主義の他にイデオロギーはないいんだと勝ち誇った途端に、自由主義、民主主義は堕落を始めることになります（中野）“

”市民社会が弱い日本に苛烈な自己責任論が入ってくると、弱い立場の人はとめどもないところまで落ち、それを救う仕組みが社会にない（中野）“

ても、チャリティやNGOなどがたくさんあるからまだいいのです。

ところが、日本は国家に依存した保守主義——私は国家保守主義という言い方をしていますが、昔で言えば皇国日本ですね。極めて国家権力に依拠した保守のあり方が近代以降ずっとある。そこに新自由主義を導入すると、最悪の組み合わせになるのです。英米に比べて市民社会が弱い日本に苛烈な自己責任論が入ってくると、弱い立場の人はとめどもないところまで一気に落ち、そして、それを救う仕組みが社会にない。

皮肉なことに、日本で新自由主義がここまで受容されてしまったのは、それが「反保守」だった側面もありました。自分たち消費者にプラスになるのではないかといった新自由主義に対する幻想が、アメリカやヨーロッパに比べて、日本ではいまだに強いのだと思います。そういう風潮に対して、新自由主義は誰も幸せにしない社会をつくってしまったという現実をきちんと見て、理解してもらっていく必要があります。リベラル勢力は、既存の企業支配の助けにしかならないような今の新自由主義のあり方は、われわれの考える自由ではないということを明確にしていかない限り、どんどん墓穴を掘ってしまうと思います。

大河原　「新自由主義」という言葉が振りまいたイメージは「改革」と一致して受けとめられていましたが、誰のための改革なのかがきちんと検証されないといけないですよね。「第三極」と呼ばれる勢力への幻想は、その点にあります。政治的な考え方は自民党や安倍さんを補完するものでしかないのですが、先日の大阪のダブル選挙の結果を見ると、まだまだ下火にはなっていませんね。

中野　おっしゃるとおりで、ここは本当に難しいところです。リベラル側は、「自由の旗頭を新自由主義にとられているようではいけない」という言い方もできます。経済的な自由を全否定する必要はもちろんありませんが、本来、自由はもっと豊かなものです。今のような新自由主義のあり方は、経済的な利益や経済活動の自由を考えても、ごく一部の特権層のためにしかなっていないということをしっかり自覚しないと始まりません。

ある種の閉塞感や、現状に対する不満に風穴をあけてくれる「決められる政治」だということで、暴君的なリーダー――それは安倍さんや橋下徹さんだったりするのでしょうが、そういう人たちへの待望論がずっとあり、そしてメディアがそうしたポピュリズムに極めて同調しやすい構図があります。特にテレビにそういう傾向が強いですが、新自由主義がもたらした害悪に対して、恐るべきまでの無自覚、認識を欠いていると言わざるを得ません。

大河原　伝えるメディア自体が、新自由主義にすっぽりはまっているわけですね。

中野　まさにそういうことです。

集合文化の転換

大河原　著書の最後で中野先生は、「集合文化の転換」が必要と言われていますが、とても重要な指摘だと思います。

中野　非常に単純な言い方をすると、古代ギリシャ以来、パトス、つまり情念と、それに対して文化・習慣・倫理などいろいろな言い方をしますが、エトスというものがあります。新自由主義や国家主義の暴走は、情念、パトスを動員して煽っている。ではそれにどう対応するのか。そこでリベラル左派側ができることは、エトスのあり方を鍛え直すしかないと思います。

それは、お互いのつながり方、お互いの関係性をきちんとつくり直すということです。それが先ほどの三つの条件の三番目、他者性を前提とした連帯ということにもつながっていくわけですが、われわれが「個人の尊重」「自由」に根差して闘っていこうとするなら、運動体や政党も、個人の尊厳を原則にしないでできるわけがない。上意下達で服従を強いる政治に対抗するのであれば、当然、対抗する組織のあり方も、上意下達ではできようがない。前衛政党的な発想や、一つのドグマ、教条を知っている正しい者がほかを導くというような組織にはなりません。

二〇一五年の夏を経て、実は今の私のほうが、その本を書いたときよりも楽観的になっています。私が考えていたよりも早く、「ＳＥＡＬＤｓ」とか「安保関連法に反対するママの会」とか、さまざまな人たちが立ち上がって声を上げています。こういう活動が出てこないと困るなと思っていたものが、すでに出てきて、形になり、さらに人を呼び込んでいます。変化は、市民社会ではもう起きています。

もちろんそれは市民社会全体が変わったということではないのですが、ここまで変わり始めたということは、あとはどんどん広がっていく。新しいリベラリズムの時代が今、来ています。以前は共産主義が倒れていく中でゆがんだ新自由主義に収れんしてしまった自由化の時代だったのが、今、復古的なナショナリズムや、安倍的、右翼的なものが内から壊れていく中で、もう一度、自由化のチャンスが来たと捉えるべきではないかと思っています。ゆがんだ新自由主義ときっぱり訣別し、市民社会で起き出した変化をさらに広げ、どうやって議会に持っていくのかが非常に大きな課題です。

大河原　新自由主義が振りまいた害悪、その弊害を打ち破るためには、中央集権型ではなく、自発的に起こるいろいろな活動をネットワークすることが必要です。議員の選び方、政治に対する関わり方をもっと日常化することが、私は鍵だと思っています。それは、市民・生活者が自分たちで政策をつくり、提案し、政治にアクセスしていく、「生活者ネットワーク」での活動の経験からも実感しています。市民が政治に働きかけるときには、選挙だけではなく、住民投票や街頭での活動も含めて、手法も今後さらに多様になっていくでしょうね。

中野　日本の市民団体、市民運動は、広がりを持って、アドボカシーの分野に入っていかないといけないと指摘されてきました。しかし、強大な全国組織を統一的につくる必要はないのです。それぞれが自分の持ち場で、自分の考え方で、あるいはそういう人たちのグループ、中間団体が、違いを認めながら、お互いの個性を尊重して連携することがずいぶんできてきたと思います。この夏の「戦争させない・9条壊すな！総がかり行動」もそうだと思うのですが、昔であれば考えられなかった、別の系譜の労働運動を背景とした平和への取り組みが、ここまでお互いに尊重し合って、何とか一緒に闘ってきた。それができるようになっています。

一般の市民は過去のいきさつをかかえていないわけですから、より自由に、お互い連携していると思います。それをさらにどうやって二〇一六年の参議院選挙へとつなげていけるのか、どういった運動ができるのかは、いろいろなところで実験がされてい

”議員の選び方、政治に対する関わり方をもっと日常化することが、私は鍵だと思っています（大河原）“

”目先の経済に惑わされ一部の利益に動く政治ではなく、倫理と公正性に立った政治を進めること、政治家を生み出すことが必要（大河原）“

ます。次の参議院選挙で一気に成功するかどうかはわからないし、むしろ難しいのではないかという気もするのですが、しかしこの流れは変わらない、止められない、広がっていくと、希望も感じています。

だからこそエトスで、これはエシクス、つまり倫理につながっていく言葉なのです。われわれの側から、人が人として尊重されるとよい社会ができるんだとポジティブに訴えていくことを一層心がけないといけない。社会の倫理性を鍛え直して理想を語る必要があります。何でも反対したり、批判しているだけと受けとめられては、アピールに欠けます。

こういう価値観があるからなんだ、その価値観でこういう未来が描けるのだと、市民を信頼して、一緒に考えていこうと積極的に語りかけていく。それをしないと、本当に「この道しかない」という側、「勝ち組に入りたい」「長いものに巻かれたい」「自発的に服従してでもそのほうがいい」という発想の側に、人びとが行ってしまう。しかし、それでは縮こまっていくだけで、未来は描けない。未来を描くためには、多様性があって、一人ひとりが尊重されて、お互いの尊重の上で新しいものをつくっていくことが必要なんです。大義はこちら側にあると自信を持って言えます。

大河原　そうですね。倫理とフェアネス（公正性）が今まで欠けていましたね。

中野　そうなんです。ＳＥＡＬＤｓの女子学生が「空気を読めというけれども、空気を読んでいたら空気は変えられない」と言っていました。本当にそのとおりです。臆せず、少しくらい揶揄されても気にしないで、自分たちが信じるところを語りかけていくことは、非常に大事なのではないかと思います。

大河原　政府や企業に倫理が欠如していることが、この間の安保法制の議論や福島第一原発事故と他の原発の再稼働などからも明らかになったと思います。一方で、目先のことに惑わされず、民主主義やいのちの問題として倫理的に考える若者たちや子育て中の多くの母親などが声をあげはじめた。

その声に応えるためには、目先の経済に惑わされ一部の利益に動く政治ではなく、倫理と公正性に立った政治を進めること、政治家を生み出すことが必要なのだと思います。元気をいただき、ありがとうございました。若者たちの活躍に応えられるようにがんばります。

（二〇一五年一二月二日、飯田橋共同事務所）

中野晃一
なかの・こういち

1970年生まれ。東京大学文学部哲学科およびオックスフォード大学哲学・政治コース卒業、プリンストン大学で博士号（政治学）を取得。現在、上智大学国際教養学部教授。専門は比較政治学、日本政治、政治思想。主著に『右傾化する日本政治』（岩波新書）、『戦後日本の国家保守主義—内務・自治官僚の軌跡』（岩波書店）、『グローバルな規範／ローカルな政治—民主主義のゆくえ』（共編、上智大学出版）、『ヤスクニとむきあう』（共編、めこん）など。

〔対談〕

食と農のつながりから希望ある地域を創る

大河原雅子×大江正章 ジャーナリスト

若者の田園回帰——農山漁村地域への移住

大江　二〇一四年の八月に、元総務大臣の増田寛也さんが書かれた『地方消滅―東京一極集中が招く人口急減』(中公新書)が出され、それまでの論文も含めて「増田レポート」と呼ばれ、非常に話題になりました。しかし、そこで示されていたものは二〇一〇年度の国勢調査のデータを元にしたもので、それまでと同じような人口移動が続くとすれば、二〇四〇年には八九六の市町村の若年女性人口(二〇〜三九歳)が半分以下に減少し、うち五二三は人口一万人以下になる、という話だったわけです。

　実際には、特に二〇一一年の東日本大震災と福島第一原発事故以降、人びとの人口移動がそれまでと変わってきています。たとえば島根県内一一町村の約半分にあたる五つの町村では、人口が社会増になっています。そのうちの二つは隠岐諸島の海士《あま》町と知夫《ちぶ》村で、三つは中国山地の人口五〇〇〇〜一万人前後の町です。

　同時に、二〇一四年の内閣府の世論調査では、三二%の人が農山漁村地域に定住してみたいという意向を持っているという結果が出ています。これは、一〇年前に比べて約一〇ポイント上がっている。なかでも二〇代の男性に限ってみると、四七・四%が定住してみたいという意向を持っていました。

　「意向」ではありますが、こうした意識は高度経済成長時代にはありえなかったことで、若者を中心

”特に二〇代の男性に限ってみると、四七・四%が農山漁村に定住してみたいという意向を持っているとの結果でした(大江)“

”農林水産業は第一次産業と言われているわけですから、ここがなければ二次も三次も成り立ちません（大江）“

として、人びとの考え方、さらに価値観が変わりつつあるということです。その背景には、もっぱらGDPを増やすことを目標としてきた国の政策に対する違和感、自分たちは幸せになってきたんだろうかという彼ら彼女らの皮膚感覚もあるのだろうと思います。

もう一つ注目すべき世論調査がある。「あなたは生活全般に満足していますか」という質問に対して、「満足している」を五、「不満である」を一として、五段階で回答するものです。その結果を見ると、ピークは三・六〇で一九八四年、それ以降ほぼ一貫して満足度は下がっています。一九八四年から二〇〇五年の約二〇年間で一人当たりのGDPは一・六倍になっています。つまり、日本人はお金の面では裕福になってきたけれども、暮らしの面では満足していないし、幸せに感じていないということが、はっきり表れているのです。

大河原　私の父親も終戦後に名古屋から横浜に出てきて、文化のバロメーターと言われていた砂糖を製造する会社に勤務していたので、日本が消費社会に向かっていくのをリアルに体験してきました。高度成長の時代に、家の中にテレビや冷蔵庫など豊かさの象徴といわれていたものが揃っていくという時代を経験して、東京への一極集中に参加した家族でもあります。両親とも名古屋のまちなかの出身なので、私自身は田舎というものがありません。

そういう者にとって、中山間地域の自然の豊かさや人間関係の豊かさに憧れがあります。若者をはじめとして多くの人がそちらを向き始めていること が、逆に都会の価値観も変えてきていて、内面的なものとか、お金を儲けることだけが豊かさではないという、しっかりとした価値観を持つ人が増えているんだなと思います。

大江　人口が減少していくこと自体が問題ではなく、それぞれの地域で暮らす人たちが、本当の意味で豊かに、幸せに生きていくことができるのか、ということを追求しなければならないのだと思います。農林水産業は第一次産業と言われているわけですから、ここがなければ二次も三次も成り立ちません。中曽根政権以降そこを切り捨てる政策をとり、その後の新自由主義と市場原理主義のもとで加速されてきました。改めて第一次産業に光をあてないといけない。地方創生についても、時間をかけて手づくりで地域の魅力をどう創っていくかを、住民と自治体がいっしょになって考えなければいけない。その萌芽はすでに各地にたくさん出ている。それが、『地域の力』や『地域に希望あり』という本の中で私が書いてきたことです。

大河原　これまでの農政は、一つのモデルをつくってそれを普及させようという形が多く、もともと地勢も違うし気候も各地域で違うので、少量多品種が当たり前の国であるはずなのに、大量生産して安くという発想ばかりで進めてしまった。でも、移住者の人たちも加わって、その地域にしかない価値を高めて、相乗効果で地域も自分も幸福度が上がっていくのではないかと思います。

大江　都市から農山村地域に移住すると、現金収入は減るけれど、支出も間違いなく減るわけです。だから家計全体で考えると、数字だけとってみても豊かになる人たちも結構います。ＮＨＫの『クローズアップ現代』で、「移住一％戦略は地方を救えるか」として「田園回帰」が昨年(二〇一五年)一二月に取り上げられました。そこに登場した鳥取県に移住した若い夫婦などは、移住後のほうが貯蓄が増えていると語っていた。彼らは地元のIT関連の会社で仕事をしています。職住近接で、休みもあって、どう考えてもその生活のほうが豊かで、幸せですよね。Iターンというと誤解があって、みんな農業をやると思われがちですが、そうでない人たちもたくさんいる。増田レポートで全国の二〇番目に若年女性人口が減るとされた徳島県の神山町には、いまIT関連で若い人たちがたくさん移住をしてきている。そこで仕事をするほうが生産性が上がるとおっしゃっています。

よく地方には仕事がないと言われますね。確かに都会に比べれば、相対的には少ないと思います。けれども、仕事は単に雇われるだけではなく、創り出すものでもある。また、たとえば一つの仕事で二五〇万円稼ごうと思えば自治体の職員になるとか以外なかなか難しいけれど、五〇万円の仕事を五つとか、二〇万円の仕事を一二とか考えると、それほど難しいことでもないと思います。

生活者が求める有機農業こそ「強い」農業

大江　もともと日本の農山村、そして都市近郊も含めて、農業専業の地域は少なく、多くは兼業です。だから農林業という言葉があるわけですよね。日本の農政は一九六一年の農業基本法制定以来、一貫して大規模化、化学化、施設化、単作化などを進めてきましたが、食糧自給率は一九六一年の七九％から現在の三九％まで半減しました。その農政の失敗は明らかです。二〇一五年の農林業センサスでは日本の農業就業人口は二〇九万人で、二〇〇〇年の三八九万人から、一五年間で五四％にまで激減しました。平均年齢は六六・三歳になっています。惨憺たる状況です。

これからの農政の方向性は、はっきりしています。農業は、食べ物をつくる大事な仕事であると同時に、環境を守り育てる重要な仕事でもあるわけです。そして、兼業を大切にしていくことから新しい農政の方向性が見えていくと思います。二〇〇六年に成立した有機農業推進法に則って、日本の農業を安全で、環境を守るものに変えていく。アグロエコロジーという言葉が広がりつつあります。それは生態系を守る農業という意味です。

大河原　有機農業推進法は私が参議院議員に当選する前に成立して、今後どういう展開になるのかと大変期待していました。ただ、有機農産物は裕福な人たちのものという意識がまだまだ強いように思います。化学肥料や農薬を多投入することを考えると、技術的に優れているとか、持続可能性があるということをもっと評価して進めない限り、可能性はないと思うのですが。

”有機農産物は裕福な人たちのものという意識がまだまだ強いように思います。（大河原）“

大江　日本の有機農家の経営面積は〇・四％といわれていて、極端に少ない。これには二つの理由がある。一つは、法律は制定されたけれども実際に有機農業を推進するための施策はほとんどとられてきていないからです。有機農業モデルタウン事業が二年間だけあり、その成果である程度は認知されましたが、より広げるための事業を改めて実施していく必要があります。

もう一つは、農薬や化学肥料を一切使わない農業だけではなく、減らす農業を大事にしなければいけない。実際、中山間地域では農薬や化学肥料を多投している農業は少なく、有機農業に近いと言えるでしょう。都市近郊農業でも、今はかなり減っています。一方で、同じ野菜を何年も同じ農地で作り続け

> ”小規模な農業を大事にしていけば、
> おのずと有機農業に近づいていくと思います（大江）“

ているようなタイプの単作農業では、まだ多投されている。小規模な農業を大事にしていけば、おのずと有機農業に近づいていくと思います。

　さらに、都道府県の行政が推進政策を行っていくことも重要です。よく技術的に未熟だと言われますけれども、普及機関が近代農業ばかり進めてきたことに問題があります。有機農業者が積み上げてきた技術を普及機関が学ぶことによって、病害虫や雑草への対策が進んでいきます。島根県や福島県などでは行政が有機農業を重視しており、島根県農林大学校では有機農業専攻のコースが生まれました。同時に、半農半Xに対する助成制度もいち早く行っています。こうした自治体行政の取組みに学んでいくことも大事です。

大河原　有機農業をたとえば地球温暖化の視点から見ればどうかとか、エネルギー使用はどうか、環境への負荷はどうか、など違う視点から考え、慣行農業と有機農業と対比してみて、その土地にしかない付加価値として取り入れていく可能性は高いと思うのですが。

大江　おっしゃるとおりだと思います。ところが、これまでの農政は逆の方向を向いていた。根本的に農政を切り替えていく必要がある。

　一方、人口約三七〇万人の大都市横浜市は野菜の自給率が一九%もある。これは一九六〇年代の飛鳥田市政のときの農業専用地区という独自の農業振興政策の成果です。都市近郊は消費者が近くにいるわけですから、実は農業に適している。横浜市のもう

農業体験農園（東京都練馬区）

一つの特徴として、環境創造局というセクションのもとに農政部門があります。多くの自治体では産業部門にある。この位置づけは重要で、環境を守ることが農業の大切な役割だということは、もはや国際的な合意です。しかし、日本の行政はタテ割りで、環境省、農水省、それから食の安全は厚生労働省や消費者庁ということになっている。農業・食料・環境省で一元的に農と食と環境の政策を進めていくことが必要です。イギリスの環境・食料・農村地域省に学んでほしい。

大河原　私は横浜生まれ、横浜育ちです。友だちの家は農家が多く、田んぼを持っているような人たちでした。二畳ほどの自分のイチゴ畑が初めての農業体験です。路地イチゴをつくっている人からいらなくなったつるをもらってきて、畝をつくって植えてみた。子どもの時にそういう経験ができるという点でも、食料・農業・環境という三つの考え方を普及させる意味でも、都市にまちの中に、暮らしの中に生産現場である農地があるというのは重要ではないかと思います。

大江　農業就業人口は二〇九万人ですが、市民農園の利用者は二〇〇万人とも言われています。私の周りでは野菜を作っている普通のサラリーマンが激増しました。練馬区が一九九六年に農業体験農園をいち早くはじめ、とても人気があります。利用者には三〇代の子育て層と六〇代の男性という二つのピークがある。後者は定年後に地域にどのように軟着陸していくかを考えた人たちです。地縁や血縁ではなくて、野菜作りなどの趣味を共通に持ち、しかも比較的近いところに暮らしている人たちとゆるやかにつながっていくというようなコミュニティが地域に必要で、農業体験農園はそのきっかけになっているんですね。

農業は英語でアグリカルチャーと言います。でも、日本では農政も農業者も、カルチャーという部分をこれまで意識してきていません。食文化も含めて、文化としての農業を大事にしていきたい。そのためには、子どものころからの農業体験が大切です。

農政転換に向けた新たな農政族議員の旗頭に

大江　最近「孫ターン」という言葉があるんですよ。子どもの時の夏休みとかにおじいちゃん・おばあちゃんの田舎に遊びに行った経験がとても新鮮で、就職を考えるときに、田舎で仕事してみたい、あの環境で暮らしたいと思う若者が増えている現象を見て、明治大学の小田切徳美さんがつくった言葉です。先日、講演に呼ばれた岐阜県白川町の地域おこし協力隊の女性もそのケースで、祖父母のふるさとで仕事をして地域貢献をしたいと考えて移住したそうです。

また、日本農業経営大学校という、専業農業者を中心に育てる、開校して三年目の学校があります。

一学年の定員が二〇人という小さな学校ですが、三期生一七人のうち八人が有機農業をやりたということで有機農業のゼミに入っています。そのうち三人は「孫ターン」です。ご両親は農業をやっていない。おじいちゃん・おばあちゃんが専業あるいは兼業でやっていて、自分はそこで有機農業をやっていきたいと話していました。

大河原　交通の利便性がよくなり、ＩＴなどの普及で通信なども便利になり、「孫ターン」を可能にしている社会的な変化もあるのでしょうね。

大江　そのとおりだと思います。そして、農山村地域のことだけを考えるのではなくて、農山村と都市が共生していけるような社会をつくっていく必要がある。

大河原　都市と農山村は近くなっているということですね。

大江　時間的にも精神的にも、近くなっていますね。

大河原　私も都議会議員時代から東京の農地を守りたいということで取り組んできました。都市農業振興基本法が成立しましたが、農政に関する発想の大転換を提起する生産者も出てきて、それを応援する市民も増え、私自身は政治の場面でそれを進めようとしてきました。

大江　もともと都市農業は建設省（現国土交通省）の管轄だった。ようやく都市農業振興基本法が制定されました。今後の農業の方向性については、大転換が必要ですね。そういう意味では、新しい農政族議員が必要だと思います。利権によって農業を捉える

”食文化も含めて、文化としての農業を大事にしていきたい。そのためには、子どものころからの農業体験が大切です（大江）“

> ”貧困状態におかれている子どもや非正規労働者たちが耕せる条件をつくっていくべきだと思います（大江）“

のではなく、人びとが生きていくうえで欠かせない重要な仕事であるからこそ農業を大事にしていくという発想を持った新農政族の旗頭に、ぜひ大河原さんになっていただきたい。

大河原　ぜひとも旗振り役になりたいと思います。都市農業振興基本法では、都市農地を増やすという考え方が残念ながらありません。都市農地を重視して、拡大していく方向に導いていきたいと思っています。

食と農を貧困対策・教育政策の一つと捉える

大河原　貧困問題や経済格差も社会問題化され、自分が食べている、働いている、生きているということの基本的な意味を問い直すことが必要な時期なのだと思っています。

大江　とても大事です。今六人に一人の子どもが貧困状態にある状況で、「子ども食堂」のような取組みも広がってきました。練馬区の子ども食堂では、すでに四つの農業体験農園から野菜が提供されています。そこをもう一歩進めて、貧困状態におかれている子どもや非正規労働者たちが耕せる条件をつくっていくべきだと思います。東京二三区でも一〇区に農地があるわけですから。

たとえば農業体験農園の利用料は年間四万円程度ですが、収入の少ない人には半額にするとか、本来春に納める利用料を収穫後にするとか、小さな工夫でも多くの人が耕すことができる可能性が広がります。それは都市部にもある遊休農地の解消にもつながっていく。食と農をもっと近づけて、一体の政策として考えていくべきではないでしょうか。

大河原　東京都内でも畑付きのアパートなどが増えてきていますが、もっともっと普及させていかなければいけないと思いますし、調理の技術やその大元である農産物を育てるということは、子どもに伝えるべき基本ではないかと思います。子ども食堂も子どもたちと一緒に調理するところからやっていますし、生産緑地などを活用して生産するところから携われる環境を整えることも必要だと思います。

大江　学校教育でも、総合的な学習の時間などで食農教育を充実していかなければいけない。近くの農業者とつながりがあれば、直接学ぶことができるし、その農業者が作った野菜やお米を学校給食に提供していくこともできる。国は食育推進基本計画で学校給食の地場産使用割合を三〇％以上にするという目標を定めていますが、達成されていない地域が多いですよね。東京都内では、小平市は小学校の二二％、中学校の二四％が地場産で、日野市でも比較的多いけれど、もっと増やしていく必要がある。

ただし、上からの押し付けではだめです。たとえば野菜の形が不ぞろいだったり、泥付きで調理に時間がかかるとすれば、農業者や調理員への研修や増員も必要でしょう。また、学校給食は民間委託とセンター方式に向かう流れですから、子どもにとって一番いい食はどういうものなのかという原点に立ち戻って、その方向も見直す必要がある。理念とあわせて、具体的な条件を整備していくということですね。

大河原　センター方式が進められてきていますが、学校給食自体の持つ意味合いも変わってきている。それぞれの地域にあった方式で行ったほうが小回りが利いたり、安全性の面でも衛生面でも管理しやすかったり、仕事を生みだすという面でも効果が高いこともあるわけですね。

大江　そういう意味では、この間、公務労働が不当に冷遇視されて、自治体の職員の数を減らすことが正しいことのような間違った動きになっている。もちろん不要な仕事は見直さなければなりませんが、人が生きていくうえで本当に必要な仕事、特に福祉、教育、食に関わるものは、安ければいいというだけではいけません。

大河原　学校給食を地域の高齢者と一緒に食べられるコミュニティレストランという発想が以前あったのですが、あれは広がりませんでしたね。高齢者が学校へ行くということのハードルが高かったのでしょうか。

大江　たぶんそういうことだったのだと思います。でも、愛媛県の今治市では、小さな農協が幼稚園を経営していて、近くにデイサービスセンターがあります。その手前には畑があって、園児が収穫に訪れて交流する。学校と高齢者施設を同じ敷地につくっていくこともできるはずです。

大河原　高齢者施設の畑でできたものを学校給食の食材として使うことで食費も抑えられる。野菜を作ることが一つの生きがいになる。本当に多様な価値がそこにあると思います。

大江　日野市には六〇歳以上に限定した農業体験農園があって、そこがけっこう傾斜地なんです。オーナーは「うちはバリアフルだからね。バリアフルのほうがいいのよ、動ける人はちゃんと足腰動かしてもらうのがいいのよ」とおっしゃっていました。実際、高齢者にとって運動と生きがいになります。

最近は、農業に関わる障がい者の通所施設とか福祉施設も少しずつ増えています。農福連携はキーワードになっていて、ぼくの知人の一人は、横浜で一八歳以上の重度の知的障がいの人たちの通所施設を運営してきました。そこではもっぱら田んぼと畑で作業していて、誰もが何らかの役割がある。たとえば自閉症の人で、トレイに本当に丁寧にひとつずつ種を播く人、あるいは種播きはできないけれど堆肥の切り返しは一生懸命にやる人、堆肥を運ぶことはとても得意な人など、それぞれに応じたいろんな役割があるんです。機械化された大規模農業では、そういうことはできない。農福連携は小規模な農業、多様な農業と福祉とのつながりです。それはとても合理的だし、症状も改善されています。

もう一人の知り合いの農園は東京都の福祉作業所になっていて、主に精神障がいの人が通ってきています。初めはまったくコミュニケーションがとれなかった人が話をするようになったり、庭先の直売所でお客さんの対応もできるようになったりしている。社会復帰していくケースも報告されていて、とても効果が高い。

都内の路上生活者や一人暮らしの高齢者などは地方出身者が結構いて、子どものころ農作業を〝やらされた〟経験がある人が多い。まだ少ないですけど、その人たちが農作業を通して活き活きしてきたという報告もされています。雇用政策・就労支援だけではなくて、経済的に厳しい状況に置かれている人たちが元気に生活していけるような政策に政治は取り組まなければいけません。その一つの切り口として、都市近郊の農地を利用して、農業者とつながりながら農作業を行い、食と農とを結び付けていくことが必要なんです。そうした事業への予算は土地改良とか農道建設とかと比べたら少額で、かつ効果が見える投資だと思います。

”高齢者施設の畑でできたものを学校給食の食材として使うことで食費も抑えられる。野菜を作ることが一つの生きがいになる（大河原）“

”「消費者は安ければそれでいいのですか」ということです。その安さのしわ寄せは必ずどこかに行く（大江）“

ＴＰＰは農業者にも消費者にもメリットはない

大河原　大規模な農業で安く作り、さらに関税がなくなって安い農産物がたくさん入ってきますよ、消費者にとってもメリットがありますよという宣伝がされているＴＰＰですが、小規模な農業に悪影響を与えかねませんよね。ＴＰＰには当然マイナスの部分もあり、本来そんなに安くモノを作ることがいいのか、という基本的な価値観のところまで問い直すような問題だと思っているのですが。

大江　根本的には価値観の問題だと思います。ＴＰＰで一番影響を受けるのは、多品種少量生産の有機農業や中品種中量生産の都市農業ではなく、同じものを大量に作っている農業です。大規模稲作、酪農、肉牛などの生産者に大きな影響がある。それらは、これまで日本の農業政策が推進してきたものです。そういう意味からも、現政権は本当に無責任だと思います。

ぼくが就職したのは一九八〇年です。当時は食管法の時代で、生産者米価が一俵（六〇kg）一万六三〇〇円程度でした。今は通常のお米の生産者手取り価格はだいたい八〇〇〇円から一万円くらいですから、三〇年間で半分近くに減ってきているんです。これで続けられますか？「消費者は安ければそれでいいのですか」ということです。その安さのしわ寄せは必ずどこかに行く。具体的に言えば農山村地域であったり、非正規労働者であったり、途上国で

農業体験農園(練馬区)

す。そのこと自体を見直して、適正価格とは何かを考えることが根本的に求められています。

大河原　自由貿易という幻想、自由というのはいいことだと思いがちですが、それはフェアネス(公正さ)があってのことで、労働に対して適正な対価が支払われることが必要です。生産者と消費者が近くなる農業とか、産直とか、直接つながることが必要なのだと思います。TPPは農業者にも消費者にもメリットはないということですね。

農山村と都市の共生を目指して

大河原　Iターンした人たちがそこで仕事をつくり、家庭をつくっていく中で、高校や大学などが近くにないという課題が今後出てくるんじゃないかということは少し心配しています。本人が行きたい学校へ行って、学びたいことが学べる、そのルートの確保も必要なのだと思いますが、その点はどうお考えになりますか。

大江　小中学校レベルでいえば、いま財務省が進めようとしている統廃合方針を覆さなければいけない。たとえば島根県の邑南町の場合、人口一万一〇〇〇人ですけれども、八つの小学校があります。町長は基本的に小学校の統廃合はしないという方針を立てています。したがって、歩いて通える距離で安心して子どもを育てられる。自然環境だけではなく、このような教育環境があるところに人が移住します。

同時に、ご指摘の高等教育以降が課題です。現在の移住者の子どもたちの大半はまだ小学生や中学生ですから、年収二五〇万円あれば豊かに暮らしていける。でも、高校以上になると通学の定期代や下宿代などがかかります。その公的な助成も考えていかなければいけない。そうした施策によって、田園回帰の動きの定着につながっていきます。

大河原 北海道のおといねっぷ美術工芸高等学校などのように、特色ある高校に国内留学していくなんていうのも、自分の人生を考え、暮らし方を見つめ直すきっかけにもなる。生活圏の移動をしやすくすることも必要かなと思っています。

大江 賛成です。ぼくはモノの移動はもっと減らしたほうがいいと思いますけれども、人の移動はもっともっと増えたほうがいい。海士町では高校生留学でたくさんの若者を受け入れ、地域づくりを学んでいます。そういう教育こそが必要です。

大河原 国内で学べることはたくさんあって、そういう人材が育つことでより豊かになるんでしょうね。自分が学びたいことが学べる、そういう場所に行き来できるような教育システムが必要ですし、農山村地域への移住にとって必要で、大江さんの著書の名前でもある「地域に希望あり」という点からも重要なことだと思います。

大江 もう一つ重要なのが交通政策です。この間、公共交通がどんどん切り捨てられ、すごく不便になってきている。地方に移住した人の支出に占める割合が大きいのがガソリン代です。現状では車に頼らないと生活が成り立たない。仮に赤字になっても、公的な機関が公共交通を支えて、交通権(＝誰もが必要な時に安全に移動できる権利)を保障しなければならない。商店も撤退しているのですが、こちらは住民たちがお金を出し合って新たなお店をつくるということもできます。でも、交通の問題はなかなか住民だけでは解決できない。これは政治の問題、出番だろうと思います。

大河原　多くの高齢者が車の運転をしていますね。一方で自動運転や無人運転の車など最先端の技術開発が進められていますが、本当はそうしたものは農村地域にこそ必要なのでしょうね。生活の場面で必要としている人にこそ、そういった技術を使うべきだと思います。

　神野直彦先生がスウェーデンの協同組合の店舗の話をよくされますけれども、そこでは小規模ながらも薬の販売から燃料、衣料品、食料品まで扱っている。日本でも、住民が出資して小規模な協同組合が設立できる制度も整備しなければいけないのだと思います。

大江　同感です。日本は協同組合セクターが弱いですよね。また、国土交通省では最近「小さな拠点づくり」を推奨しています。過疎地域で、たとえば役場支所、郵便局、商店などをつなぎ、利便性を高めていく施策です。これはコンパクトシティとは違う。住民の意に反して中心部に転居させるのではなく、ワンストップサービスでまとめたほうがよいところはまとめ、そこにコミュニティバスやオンデマンドタクシーなどで移動する。暮らしている人の目線に立って、何が必要なのかというところから政策を積み上げていくべきです。

大河原　規制緩和の方向性も本当は地域のニーズにあった緩和が必要ですね。

”自動運転や無人運転の車など最先端の技術開発が進められていますが、本当はそうしたものは農村地域にこそ必要なのでしょうね（大河原）“

"合併はしないといって、自分たちの意思をはっきりさせた地域が人口の社会増を生んでいるのではないかと思います（大河原）"

人と人、都市と農山村地域をつなぎ、つながる

大江　農業者たちは、自分の作ったものを誰が食べているかということを、高度経済成長以来あまり考えてきませんでした。最近、多くの農業者がそのことを考えるようになってきています。彼ら彼女らが何に感動するかというと、「美味しかった」と言ってもらうことです。高く売れることよりも、その言葉にやる気を感じると言います。若い農業者はとりわけそれを意識していて、人と人とのつながりがベースにあるんだろうと感じます。

移住した人に理由を尋ねると、おおむね二つの回答が返ってきます。それは人と景観なんです。仕事はその次です。本当に温かい人たちがいるとか、相談に熱心に対応してくれたとか、地域の風景に感動したという理由が、世代を問わず意外なほど多い。「人間」ですから、人と人の間で生きていくわけです。それは今まで意識されてこなかったかもしれないけれど、実は当たり前のことでしょう。

山口県の瀬戸内海に周防大島町があります。移住者に対する優遇策は何にもしていませんが、移住者が増え、人口が社会増になっている。地域の魅力なんですね。その魅力の大きな部分を人と風景が占めている。そして、そこにもともとある資源や環境を活かした小さな仕事をたくさん生み出しています。たとえば小さなカフェやレストラン、ジャムやハチミツづくりなどです。移住者の発想でインターネッ

トを駆使して売り込む。足を運んできた人たちも買うけれど、ネットを通しても売る。人と風景が基盤にあって、新たな仕事が生まれ、生活が成り立っている。

各地の取組みを見てきて、小規模な自治体のほうが元気だと実感しました。その活動を大切にして、経済成長優先の社会を見直していく政治が必要だと思います。

大河原　人と人とのつながりから信頼が生まれ、コミュニティをつくる力となるんですね。でも、小中学校の統廃合など国の政策によってその力が削がれてしまうケースも少なくありません。一方で、合併はしないといって頑張ってきた地域もあり、自分たちの意思をはっきりさせた地域が、いま人口の社会増を生んでいるのではないかと思います。

そして、地域の力、地域の活動を阻害せず、地域の人と人、都市と農山村地域とのつながりを生み、強くするための政治が必要だと思っています。人と人、都市と農山村地域のつなぎ役として、生活の場、政治の場から取り組んでいきたいと思います。

（二〇一五年一二月二二日、飯田橋共同事務所）

大江正章
おおえ・ただあき

コモンズ代表、ジャーナリスト、アジア太平洋資料センター共同代表、全国有機農業推進協議会理事。1957年生まれ。早稲田大学政治経済学部卒業。出版社勤務を経て、1996年にコモンズ創設。
主著に『農業という仕事―食と環境を守る』（岩波ジュニア新書）、『地域の力―食・農・まちづくり』（岩波新書）、『地域に希望あり―まち・人・仕事を創る』（岩波新書）など。

〈著者紹介〉

大河原　雅子（おおかわら・まさこ）

1953年　名古屋市で生まれ、横浜市で育つ。
1977年　国際基督教大学卒業、映画舞台製作会社勤務。
1979年　結婚。以後、長男、長女、次女の子育てに奮闘。
1982年　生協加入をきっかけに地域活動を始める。
1993年　東京都議会議員に初当選(世田谷選挙区／3期10年在任)。「化学物質子どもガイドライン」「遺伝子組み換え食品の表示義務付け」「地下水保全ガイドライン」などを提案。
1999年　東京・生活者ネットワーク代表委員(～2006年)。
2007年　参議院選挙・東京都選挙区でトップ当選(1期6年在任)。
現　在　リベラル市民政治研究所代表、自治体議員立憲ネットワーク顧問。

市民の力で立憲民主主義を創る
二〇一六年三月二〇日　初版発行
著　者　大河原雅子ほか

発行者　大江正章
発行所　コモンズ
東京都新宿区下落合一―五―一〇―一〇〇二
TEL〇三（五三八六）六九七二
FAX〇三（五三八六）六九四五
振替　〇〇一一〇―五―四〇〇一二〇
info@commonsonline.co.jp
http://www.commonsonline.co.jp/
印刷・東京創文社／製本・東京美術紙工
乱丁・落丁はお取り替えいたします。
ISBN 978-4-86187-135-1 C 1031